# BEI GRIN MACHT SICH IHR WISSEN BEZAHLT

AF145624

- Wir veröffentlichen Ihre Hausarbeit, Bachelor- und Masterarbeit

- Ihr eigenes eBook und Buch - weltweit in allen wichtigen Shops

- Verdienen Sie an jedem Verkauf

## Jetzt bei www.GRIN.com hochladen und kostenlos publizieren

**Bibliografische Information der Deutschen Nationalbibliothek:**

Die Deutsche Bibliothek verzeichnet diese Publikation in der Deutschen National-
bibliografie; detaillierte bibliografische Daten sind im Internet über http://dnb.d-
nb.de/ abrufbar.

**Impressum:**

Copyright © 2017 GRIN Verlag
Druck und Bindung: Books on Demand GmbH, Norderstedt Germany
ISBN: 9783668901209

**Dieses Buch bei GRIN:**

https://www.grin.com/document/458133

Anonym

# Big Data. Die Grundlagen des Social Media Marketing

GRIN Verlag

**FOM Hochschule für Ökonomie und Management**

Studienzentrum Bonn


**Berufsbegleitender Studiengang der Wirtschaftsinformatik**

**4. Semester**


Seminararbeit im Modul IT-Management


**Big Data - Use Cases: Grundlagen, Konzepte, Technologien**

**Social Media Marketing – Die Grundlagen**

**Inhaltsverzeichnis**

**Abbildungsverzeichnis**

## 1. Einleitung

Big Data hat in den letzten Jahren zunehmend an Fachgröße gewonnen. Mittlerweile versuchen immer mehr Unternehmen einen Mehrwert aus Big Data zu schöpfen, um das Potential der wachsenden Datenmengen wirtschaftlich zu nutzen.[1] Einer der zentralen Einsatzgebiete sind die Sozialen Medien. Sie ermöglichen es, durch eine direkte Kommunikation mit der individuellen Zielgruppe, Kundenbedürfnisse zu verstehen und öffnen neue Perspektiven, weitere Märkte zu erschließen. Die Reichweite in dieser Hinsicht ist groß, darf aber auch nicht unterschätzt werden. Soziale Medien bringen neben augenscheinlich sehr erfolgsversprechenden Chancen auch viele Risiken mit sich, beispielsweise eine langfristige Gefährdung des eigenen Unternehmensimages.[2] Durch den steigenden Stellenwert von Social Media Plattformen, sehen sich jedoch immer mehr Unternehmen vor die Herausforderung gestellt, diese bezüglich einer gewinnbringenden Informationsgewinnung und als erfolgreiches Kommunikationsmittel für sich zu nutzen.[3] In dieser Hinsicht stellt sich die Frage, welche Gewichtung die Inhalte Sozialer Medien im Unternehmenskontext gegenwärtig und zukünftig haben werden. Wird es dem Management möglich sein, sie erfolgreich in ihre Marketingstrategie zu integrieren oder sind die Herausforderungen und Risiken eine zu große Hürde?

In den folgenden Kapiteln wird zunächst auf die grundlegenden Begrifflichkeiten um Big Data und die Sozialen Medien eingegangen und erläutert, inwieweit diese einen wertschöpfenden Mehrwert hinsichtlich ihrer Aussagekraft enthalten. Anschließend werden die zu Grunde liegenden Ausgangspunkte beleuchtet und auf die Chancen, Herausforderungen und Anforderungen an das Social Media Marketing eingegangen, welches in diesem Kontext zu betrachten ist. Schließlich wird die zentrale Fragestellung beantwortet und ein Ausblick gegeben.

---

[1] Vgl. King, S. (2014), Seite 15.
[2] Vgl. Buchenau, P., Fürtbauer, D. (2015), Seite 34.
[3] Vgl. Ceyp, M., Scupin, J.-P. (2013), Seite 4.

## 2. Begriffsdefinitionen

In diesem Kapitel werden die Begriffe Big Data und Soziale Medien sowie das Social Media Marketing definiert und erläutert.

### 2.1. Definition und Merkmale von Big Data

Gerade in der heutigen informationsgeprägten Zeit erfährt Big Data zunehmend an Bedeutung. Allgemein umfasst Big Data „die Analyse großer Datenmengen aus vielfältigen Quellen in hoher Geschwindigkeit mit dem Ziel, wirtschaftlichen Nutzen zu erzeugen"[4], so wird es im Big Data Leitfaden des Bundesverbands Informationstechnik, Telekommunikation und neue Medien e.V. (BITKOM) definiert. Im Vordergrund steht die große Dimension an Daten, welche vor allem durch den schnellen technologischen Wandel der Speicher- und Prozessortechnologie an Umfang gewinnt.[5] Da diese Daten meist unstrukturiert vorliegen, benötigt es an neuen Verfahren und Technologien, sie zielführend speichern, analysieren und verwenden zu können. In diesem Zusammenhang bringt Big Data ein Spektrum von Konzepten, Methoden, Technologien sowie IT-Architekturen und Tools mit sich, welche es ermöglichen, die vorliegenden Informationen in gewinnbringende Entscheidungen für das Management eines Unternehmens umzusetzen. Big Data öffnet somit neue Möglichkeiten für den Umgang mit Daten als Faktor der Wertschöpfung.[6] Dies ist besonders für die Wettbewerbsfähigkeit eines Unternehmens wichtig, da die heutige Zeit durch eine starke Informationshoheit geprägt ist. Eine sinnvolle Erschließung und Nutzung von Informationen ist somit von Vorteil, um diese strategische Ressource zu nutzen.[7]

Hinsichtlich der Merkmale von Big Data ordnet man diesem Gebiet drei charakterisierende Eigenschaften zu. Hierbei handelt es sich um die Begriffe „Volume", „Variety" und „Velocity".[8] „Volume" definiert die hohe Menge an Daten, welche für die Analysen von auswertungsrelevantem Charakter sind. Durch den Datenstrom, welcher auf unternehmensinterner Ebene sowie auf der Basis vieler externer Datenquellen erzeugt wird, lässt

---

[4] Vgl. BITKOM (2012), Seite 7.
[5] Vgl. Dorschel, W., Dorschel, J. (2015), Seite 3.
[6] Vgl. BITKOM (2012), Seite 7ff.
[7] Vgl. Seufert, A. (2014), Seite 412.
[8] Vgl. Abadi, D. et al. (2016), Seite 94.

sich ein exponentielles Wachstum des Datenvolumens beobachten.[9] Die Datenvielfalt wird durch das Merkmal „Variety" beschrieben. Die vorliegenden Daten zeichnen sich durch eine hohe Heterogenität bezogen auf ihre Quelle sowie auf ihr Format aus. Da viele der relevanten Daten unstrukturiert vorliegen, besteht eine Kernaufgabe von Big Data darin, diese Daten in eine strukturierte Form zu bringen, um die Inhalte analysieren und interpretieren zu können. Der Ausdruck „Velocity" bezieht sich auf eine weitere Anforderung an Big Data, welche auf der Geschwindigkeit, mit der Daten entstehen sowie produziert werden, beruht. Diese drei Begriffe werden oftmals noch um einen vierten ergänzt. Die Eigenschaft „Veracity" beschreibt zusätzlich den jeweiligen Grad der Verlässlichkeit und Qualität, nach welcher die Inhalte eingeordnet werden. Dabei ist jedoch auch zu berücksichtigen, dass ebenfalls Daten interessant sind, deren Erkenntniswert nicht direkt messbar ist.[10] Die folgende Abbildung dient einem zusammenfassenden Überblick über die beschriebenen Merkmale von Big Data.

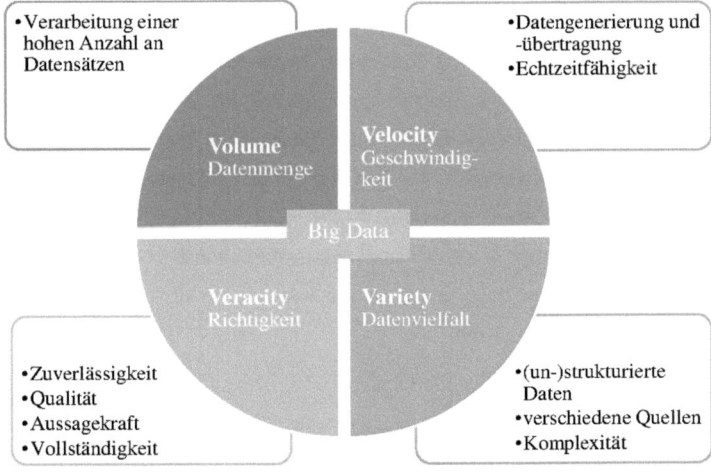

In Anlehnung an: Frauenhofer IAO (2015), Seite 4

**Abbildung 1: Merkmale von Big Data**

---

[9] Vgl. Dittmar, C. (2016), Seite 56f.
[10] Vgl. Dorschel, W., Dorschel, J. (2015), Seite 8.

## 2.2. Definition Social Media

Soziale Medien gewinnen in unserer Gesellschaft immer mehr an Aufmerksamkeit und Umfang. Durch das Einbeziehen aller Internetnutzer verändern sie das World Wide Web grundlegend.[11] Charakterisiert werden Soziale Medien durch verschiedene Online-Medien und -Technologien. Diese sollen den Nutzern eine aktive Internet-Teilnahme ermöglichen, welche auch miteinbezieht, dass der User eigene Inhalte online stellen kann sowie die Möglichkeit hat, bestehende zu ändern.[12] Es lässt sich dem Begriff des Social Webs zuordnen, welches zwischenmenschliche Interaktionen im Internet ermöglicht und fördert. Durch sogenannte soziale Software steht in diesem Zusammenhang der menschliche Kommunikations-, Informations- und Wissensaustausch über das Internet im Vordergrund.[13] Das Social Web ist ein Teilbereich des durch Tim O'Reilly geprägten Begriffs des Web 2.0. Dieses Prinzip beschreibt die Entwicklungsstufe neuer Kommunikations- und Datenströme im Internet, welche die Internetnutzung durch die Anbindung vieler Nutzer und verschiedener Datenquellen grundlegend verändert.[14] Für diesen Dialog unter den Nutzern ist kennzeichnend, dass die Kommunikationsbestandteile neben reinem Informationsmaterial auch viele multimediale Inhalte, wie Fotos oder Videos miteinbinden. Des Weiteren sind für die meisten sozialen Netzwerke Userprofile notwendig, um an der Gemeinschaft bzw. Community teilnehmen zu können. Diese Profile verleihen dem Nutzer eine virtuelle Identität und enthalten oftmals auch persönliche Informationen zu der Person.[15] Mittlerweile kann diese Art der digitalen Vernetzung schon zu unserem Alltag gezählt werden. GlobalWebIndex veröffentlichte 2016 Daten zur täglichen Nutzung von Online-Medien. Diese belegen, dass Internetuser zwischen 16 und 64 Jahren schon jetzt 28% ihrer internetgenutzten Zeit in sozialen Netzwerken verbringen. Soziale Medien gehören in diesem Kontext zu den führenden Medien.

---

[11] Vgl. Buchenau, P., Fürtbauer, D. (2015), Seite 21.
[12] Vgl. Kreutzer, R. T., Rumler, A., Wille-Baumkauff, B. (2015), Seite 2.
[13] Vgl. Ebersbach, A., Glaser, M., Heigl, R. (2016)Ebersbach, A., Glaser, M., Heigl, R. (2008), Seite 30.
[14] Vgl. O'Reilly, T.(2007), Seite 1.
[15] Vgl. Buchenau, P., Fürtbauer, D. (2015), Seite 21f.

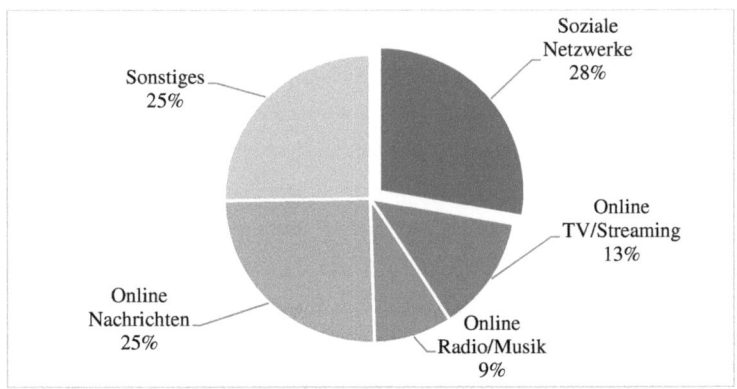

In Anlehnung an: GlobalWebIndex(2017), Seite 5

**Abbildung 2: Relative Nutzung von Online-Medien**

Versucht man Soziale Medien zu typisieren, fällt schnell auf wie dynamisch und divers die verschiedenen Netzwerke sind. In diesem Zusammenhang unterscheiden M. Ceyp, und J.-P. Scupin zwischen 5 verschiedenen Grundarten Sozialer Medien. Diese nennen sich „Blogs", „Videoportale", „Foren", „Wikis" und „Communities".[16]

## 2.3. Definition Social Media Marketing

Der Begriff des Social Media Marketings umfasst grundsätzlich alle Maßnahmen und Strategien eines Unternehmens, Soziale Medien hinsichtlich der Umsetzung eigener Marketing-Ziele nutzbar zu machen. In diesem Kontext dürfen Soziale Medien jedoch nicht als Verkaufs- oder Werbeplattform gesehen werden. Das Social Media Marketing zielt darauf ab, durch verschiedene neue Interaktionsmöglichkeiten einen Dialog zwischen dem Unternehmen und seinen relevanten Zielgruppen herzustellen. Dies basiert auf verschiedenen Konzepten zur zielgruppenorientierten Kommunikation zwischen dem Unternehmen und den Nutzern, aber auch auf Anwendungen zur bedarfsorientierten Beobachtung und Messung der generierten Inhalte.[17] Hinsichtlich ihres betriebswirtschaftlichen Mehrwertes werden Soziale Medien und ihre Plattformen unterschiedlich bewertet und

---

[16] Vgl. Ceyp, M., Scupin, J.-P. (2013), Seite 23.
[17] Vgl. Kreutzer, R. T., Rumler, A., Wille-Baumkauff, B. (2015), Seite 149ff.

6

eingeordnet. Die Kriterien Kosten, Zeit, Glaubwürdigkeit, Änderbarkeit und Regionalität werden in diesem Bezug für eine Beurteilung und Einschätzung herangezogen.[18]

## 3. Grundlagen des Social Media Marketings

Der starke Wandel unserer Kommunikationsgesellschaft in Hinblick auf das veränderte Nutzverhalten gegenüber dem Internet generiert große Mengen an Daten. Der Internetnutzer entwickelt sich durch Social-Media-Plattformen zunehmend zu einem Produzenten von Informationen anstatt sie lediglich zu konsumieren. Diese Informationen können gerade für die Marktforschung von großem Mehrwert sein, da sie viel über die Konsumenten sowie Interessenten hinsichtlich vorhandener Produkte und Dienstleistungen preisgeben.[19] Es eröffnen sich neue Möglichkeiten Kundenmeinungen und Stimmungen auszuwerten und diese im eigenen Unternehmenskontext gewinnbringend umzusetzen.[20] Somit entstehen neue Wege auf den Markt zu reagieren und des Weiteren Perspektiven über Kommunikationsmittel mit ihm zu interagieren. Natürlich sind diese Möglichkeiten auch mit Herausforderungen verknüpft, welche von der Marktforschung berücksichtigt werden müssen. Auf der einen Seite stehen die detaillierten Einblicke in das Konsumentenverhalten und -denken, auf der anderen Seite drohen auch Ausschluss und Marktverdrängung durch dieselben.[21]

In dem folgenden Kapitel werden zunächst die grundlegenden Möglichkeiten anhand einzelner Beispiele beleuchtet, welche sich Unternehmen auf dem Gebiet Sozialer Medien bieten. Diese bilden die Voraussetzung für den Kommunikationsaufbau zu den Social Media Akteuren und sind ausschlaggebend für die anschließende Anwendung von Big Data Konzepten. Zusätzlich wird auf die Chancen des allgemeinen Anwendungsfalles eingegangen und die Herausforderungen sowie Anforderungen an eine Umsetzung in diesem Zusammenhang erläutert.

---

[18] Vgl. Ceyp, M., Scupin, J.-P. (2013), Seite 23.
[19] Vgl. Kayser, S., Rath, H. H. (2015), Seite 121.
[20] Vgl. Gluchowski, P. (2014), Seite 402.
[21] Vgl. Müller-Peters, H., Lübbert, C. (2015), Seite 8.

## 3.1. Voraussetzungen

Um auf den beschriebenen Wandel reagieren zu können, müssen im ersten Schritt die Unternehmen selbst auf die hohen Anforderungen und Erwartungen der Internetnutzer eingehen und sich diesen anpassen. Da die Konsumenten eine schnelle und benutzerfreundliche Informationsdarstellung fordern, müssen Inhalte jederzeit abrufbar sein und bedarfsorientiert dargestellt werden. Dies betrifft Produktinformationen, aber auch weiter hinausreichende Kontextinformationen, die sich nach den individuellen Kundeninteressen richten. In diesem Zusammenhang ist auch der Kommunikationsprozess zu betrachten. Die Plattformnutzer stellen heutzutage hohe Ansprüche an eine direkte Kommunikationsmöglichkeit mit dem jeweiligen Unternehmen. Neben einem reinen Serviceangebot für individuelle produkt- oder dienstleistungsbezogene Fragen steht auch der Dialog zwischen den beiden Parteien im Vordergrund, welcher vor allem die Erfassung individueller Kundenwünsche ermöglicht.[22] Diese Umsetzung ist auf verschiedenen Plattformen möglich, welche schon in der Definition von Social Media aufgegriffen wurden. Für welche sich das Unternehmen letztendlich entscheidet, hängt beispielsweise von der allgemeinen Zielsetzung, wie einer Dialog- oder Absatzförderung, der Unternehmensgröße oder des einzusetzenden Zeitaufwandes ab.[23] Hinsichtlich einer Anwendung von Methoden zur Überwachung von Inhalten, eignet sich zum Beispiel die Erstellung und Nutzung eines Blogs. Ein konkreter Anwendungsfall des sogenannten Microbloggings ist Twitter, bei dem es neben selbständiger Erstellung von Statusmeldungen auch möglich ist, nach konkreten Aussagen zu filtern, welche sich auf das eigene Unternehmen bzw. die eigenen Produkte beziehen. Diese eher passive Strategie ermöglicht unter anderem aber auch eine direkte Kundenansprache. Beispielsweise kann das Marketing durch Reagieren auf Beschwerden oder ähnlichem das Image des Unternehmens bewahren und verbessern. Auch die Nutzung von Videoportalen generiert viele auswertbare Inhalte. Videopräsentationen, welche zum Beispiel die Produktvorzüge oder die Gebrauchsanweisung zeigen und praktisch erläutern, erfahren durch ihre Simplizität an großen Anklang bei den Kunden und verleiten diese auch dazu, eigene Erfahrungen sowie Kritik oder Lob kundzutun, welche für Auswertungen herangezogen werden können. Im Bereich der Communities zeichnen

---

[22] Vgl. Knappe, M., Kracklauer, A. (2007), Seite 66.
[23] Vgl. Knappe, M., Kracklauer, A. (2007), Seite 97.

sich vor allem Bewertungsportale als nützliche Quelle aus, da sich dort oftmals sehr detaillierte Kommentare zu den Produkten oder Dienstleistungen finden lassen. Soziale Netzwerke sind im Gegensatz dazu eher Anwendungsplattformen zur eigenen Inhaltserstellung, welche den Nutzer beispielsweise dazu verleiten sollen, bei der Produktentwicklung aktiv mitzuwirken.[24] Dies sind nur einige wenige Beispiele, wie Unternehmen sich im Web 2.0 aktiv einbringen können, um relevante Inhalte zu sammeln, die den Big Data Auswertungen anschließend zu Grunde liegen. Die folgende Studie des Statistischen Bundesamts zeigt, dass bezogen auf deutsche Unternehmen, die Nutzung sozialer Netzwerke, wie z.b. Facebook oder LinkedIn bislang am meisten Anwendung im Social Media Kontext erfährt. Videoportale, Wikis und Blogs werden noch nicht so häufig und intensiv genutzt.

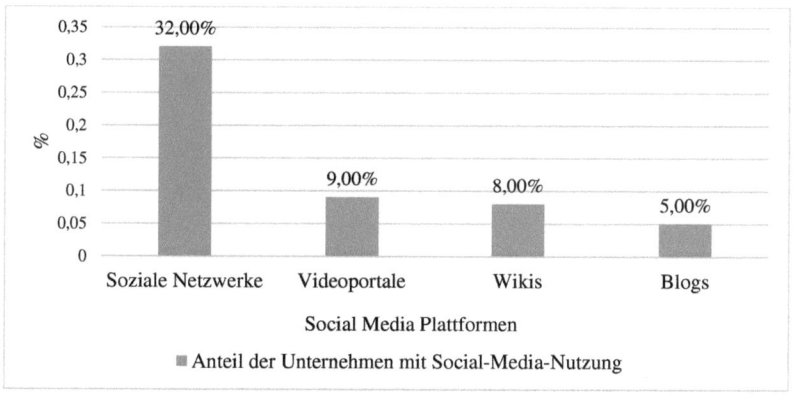

In Anlehnung an: Statistisches Bundesamt(2016), Seite 20

**Abbildung 5: Social-Media-Nutzung in Unternehmen**

### 3.2. Chancen und Herausforderungen

Mit dem Einsatz von Big Data hinsichtlich sozialer Netzwerke eröffnen sich zahlreiche Chancen für das Social Media Marketing. Dies basiert insbesondere auf der Tatsache, dass die zumeist kostenlosen Plattformen heutzutage an ansteigenden Mitgliederzahlen erfahren. Die Teilnahme der breiten Öffentlichkeit und die Informationsfreigabe auf den

---

[24] Vgl. Ceyp, M., Scupin, J.-P. (2013), Seite 82ff.

unterschiedlichsten Ebenen eröffnen neue wirtschaftliche Möglichkeiten und Nutzenpo-
tenziale.[25] Ein bedeutungsvoller Aspekt in diesem Zusammenhang ist, dass soziale Medien mittlerweile den Stand erreicht haben, Kunden in allen Kaufphasen stark beeinflussen zu können.[26] Die nachfolgend abgebildete Grafik kann auf das Internet übertragen
werden. Sie stellt die einzelnen Phasen dar, welche einem Kauf vor- bzw. nachgestellt
sind.

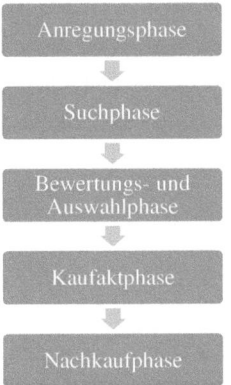

In Anlehnung an: Fritz, W. (2004), Seite 121

**Abbildung 3: Kaufphasen**

Die Sozialen Medien haben in diesem Zusammenhang einen unterschiedlich starken Einfluss auf den Nutzer und beeinflussen ihn in seiner Meinungsbildung vom Kaufimpuls
bis zum eigentlichen Kaufakt von Phase zu Phase mehr. Das Bewerben von Produkten
und Dienstleistungen durch soziale Kontakte auf Social Media Plattformen hat beispielsweise Einfluss auf die oberste Ebene, der Anregungs- und Suchphase. Es bewirkt einen
stärkeren Kaufwunsch beim Nutzer, als durch herkömmliche Werbung. Die anknüpfende
Suchphase zeichnet sich durch ähnliche Eigenschaften aus, jedoch wird dort fremden
Usern ein ähnlicher Stellenwert zugeordnet wie Netzwerk-Freunden, was den Einfluss
weiter steigert. Dieser zunehmende Effekt ist auch in der Bewertungs- und Auswahlphase
zu sehen. Zurückzuführen ist dies unter anderem auf Vergleichs- und Bewertungsportale,

---

[25] Vgl. Heidemann, J. (2010), Seite 263ff.
[26] Vgl. Ceyp, M., Scupin, J.-P. (2013), Seite 137.

10

die einen Zugriff auf informative Rezensionen und Meinungen über Produkte und Dienstleistungen ermöglichen. Neben der Beeinflussung der Kaufphasen, ist noch ein weiterer Faktor zu betrachten, der die Bedeutung Sozialer Medien im Big Data Zusammenhang unterstreicht. Die individuelle Beurteilung der Leistung eines Produktes oder Dienstleistung erfährt auf den verschiedenen Plattformen an immer mehr Anwendung. Ein jeweiliges Gutachten setzt sich in diesem Kontext aus Vertrauen-, Such- und Erfahrungseigenschaften zusammen, welche sich in den Sozialen Medien akkumulieren. Folglich informieren sich Internetnutzer immer häufiger auf diesem Weg über Produkte und Dienstleistungen anstatt über den direkten Weg, der Unternehmenshomepage.[27] Dieses Ansammeln und Austauschen von Erfahrungen auf den unterschiedlichsten Ebenen generiert viele Informationen über die Konsumenteninteressen und -ansichten, aber auch über die Konsumenten selbst. Durch Äußerungen auf Social-Media Plattformen geben die Nutzer direkt und indirekt Informationen über sich preis, welche die Big Data Auswertungen um einiges ergänzen können.[28] Soziale Medien enthalten somit komplexe und heterogene Inhalte, welche für Analysen auf den verschiedensten Ebenen interessant sind. Sie beziehen eine hohe Anzahl an Individuen und weitreichenden Informationen ein. Gesteigert wird dieser Ertrag außerdem durch die zunehmende technische Unabhängigkeit der Nutzer und die Verbreitung mobiler Endgeräte.[29]

Dennoch ergeben sich aus diesen Chancen auch einige Herausforderungen an den Umgang mit Big Data Anwendungen auf Basis Sozialer Medien, welche den Erfolg negativ beeinflussen können soweit sie nicht ausreichend berücksichtigt werden.

Um auf den Trend der zunehmenden Bedeutung Sozialer Medien reagieren zu können, ist es zunächst sehr wichtig ein Vorgehensmodell zu erarbeiten, welches auf das Unternehmen individuell angepasst ist. Eine falsche Strategie, die zum Beispiel nicht weitblickend genug ist, erschwert es, an Glaubwürdigkeit in sozialen Netzwerken zu erlangen und diese auch zu wahren. Es besteht die Gefahr, die Legitimität seines Unternehmens zu riskieren.[30] Diese Herausforderung beruht auf der Macht der Sozialen Medien und den nutzergenerierten Inhalten, welche in der Lage sind, in kürzester Zeit die Kontrolle über

---

[27] Vgl. Ceyp, M., Scupin, J.-P. (2013), Seite 137f.
[28] Vgl. Kayser, S., Rath, H. H. (2015), Seite 125.
[29] Vgl. Stieglitz, S. et al. (2014), Seite 102.
[30] Vgl. Ceyp, M., Scupin, J.-P. (2013), Seite 7.

falsch eingeschätzte Strategien und Vorgehensweisen zu übernehmen. Um dem Unternehmen nicht negativ zu schaden, muss bei der Strategieentwicklung vor allem das langfristigen Ansehen des Unternehmens berücksichtigt und in den Vordergrund gerückt werden. Dieses ist von höherem Wert als kurzfristige Gewinne.[31] Die schon angesprochene inhaltliche Fülle Sozialer Medien, bringt neben Chancen auch Schwierigkeiten mit sich, da die für die Marktforschung und Big Data Anwendungen relevanten Beiträge zunächst von den irrelevanten getrennt werden müssen. Vor allem der sogenannte Spam, welcher zum großen Teil aus Werbung besteht, wird zur zunehmenden Herausforderung im Big Data Kontext. Das hohe Volumen und die Volatilität der Inhalte stellen somit viele technisch basierte Anforderungen an das Filtern relevanter Beiträge.[32] Eine weitere Herausforderung besteht in der rechtlichen Situation, mit welcher sich befasst werden muss. Beauftragte Forumsbeiträge oder selbsterstellte Produktbewertungen können strafrechtliche Konsequenzen mit sich ziehen und unter Umständen zu Betrug gezählt werden. Neben rein rechtlichen Streitigkeiten sind die daraus resultierenden Imageverluste für das Unternehmen viel schwerwiegender zu beurteilen. Die Schwierigkeit in diesem Zusammenhang besteht des Weiteren aus der noch nicht klar definierten Grenze zwischen respektabler Optimierung und gezielter Kundenmanipulation, welcher sich das Social Media Marketing stellen muss.[33] Eine noch zu nennende rechtliche Konsequenz und somit Herausforderung an den Einsatz von Big Data ergibt sich aus dem zu berücksichtigen Datenschutz hinsichtlich der Datenauswertung und -beschaffung personenbezogener Daten. Diese müssen beispielsweise nach den jeweiligen Datenschutzrichtlinien zunächst anonymisiert werden, um verwendet werden zu können.[34]

---

[31] Vgl. Ceyp, M., Scupin, J.-P. (2013), Seite 12ff.
[32] Vgl. Kayser, S., Rath, H. H. (2015), Seite 126.
[33] Vgl. Ceyp, M., Scupin, J.-P. (2013), Seite 14f.
[34] Vgl. Fischer, S. (2014), Seite 118.

12

## 3.3. Anforderungen

Betrachtet man die Chancen und Herausforderungen einer Big Data Anwendung auf diesem Gebiet, lassen sich einige Anforderungen an eine praktische Umsetzung feststellen. In diesem Bezug sind Social Media Analytics-Methoden und -Konzepte zu betrachten, welche sich zum einen mit den technischen Voraussetzungen und zum anderen auch mit der Aufbereitung und Transformation von Social Media Inhalten beschäftigen. Zunächst erfordert die Datenerhebung von verschiedenen Plattformen spezielle Methoden. Diese müssen in der Lage sein, über oftmals sehr unterschiedliche Schnittstellen auf die Informationen zugreifen zu können, um Daten zu sammeln.[35] Dieser Umfang an zu erhebenden Daten nimmt ein beträchtliches Maß an. Die bereits beschriebene globale Nutzer-Beteiligung an Sozialen Medien generierte nach einer Statistik zufolge schon bereits im Jahr 2016 etwa 420.000 Tweets sowie 3.3000.000 Facebook-Posts pro Internet-Minute weltweit.[36] Aus diesen Zahlen lässt sich eine hardwarebezogene Anforderung ableiten, da die Datenmassen in sogenannten High-End-Datenbanken angesammelt werden müssen, um zunächst eine Grundlage für nachfolgende Analysen schaffen zu können.[37] Dieses technische Rahmenmodell soll es zudem ermöglichen, die Daten weitestgehend konsistent und qualitativ hochwertig abzulegen. Das ist wichtig, um eine optimale Durchführung der Analysen zu unterstützen.[38] Im nächsten Schritt müssen die unstrukturiert vorliegenden Datenmengen für eine Weiterverarbeitung aufbereitet werden. Textuelle Beiträge werden zum Beispiel anhand Textanalyse in strukturierte Daten übersetzt, um sie im Nachhinein auswerten zu können.[39] Da die Daten zunehmend an Volumen gewinnen und an Strukturiertheit abnehmen, ist es wichtig, sie in ihrer Qualität korrekt einzuordnen und eine passende Auswertungsmethode auszuwählen. Hierfür wird zunächst ein Überblick über die möglichen Analysemöglichkeiten benötigt.[40] Die Methoden und Algorithmen, welche hauptsächlich in diesem Zusammenhang angewendet werden, beschäftigen sich mit drei wesentlichen Bereichen. Zum einen mit der schon genannten Textanalyse, der Sozialen Netzwerkanalyse sowie der Trendanalyse. Social Media Analyseansätze ermöglichen

---

[35] Vgl. Stieglitz, S. et al. (2014), Seite 102f.
[36] Vgl. Chaffey, D.(2016).
[37] Vgl. Meinel, C. (2014), Seite 95.
[38] Vgl. BITKOM(2012), Seite 23.
[39] Vgl. Teuber, S. (2015), Seite 137.
[40] Vgl. Tuschl, S. (2015), Seite 59f.

schon heutzutage durch automatisierte Überwachungsprogramme, die Kommunikation auf den unterschiedlichen Plattformen nachzuverfolgen. Für weitgreifende Auswertungen versucht man die einzelnen Methoden intelligent miteinander zu verknüpfen. Beispielsweise werden die Ergebnisse der Netzwerkanalyse mit den inhaltlichen Informationen in einen Kontext gebracht, um noch komplexere Auswertungen zu ermöglichen. In dieser Hinsicht besteht noch Handlungsbedarf bezüglich einer Zusammenführung der Methoden sowohl mit anderen Internetkomponenten als auch mit internetunabhängigen Medien.[41] Hinsichtlich dieser anschließenden Weiterverarbeitung der aufbereiteten Daten, werden zuvor formulierte fachspezifische Fragestellungen herangezogen. Man erstrebt, die Kernaussagen der gesammelten Beiträge nach ähnlichem Inhalt zu gruppieren, um eine differenzierte Auswertung zu erhalten. Des Weiteren muss die Auswertungsmethode in der Lage sein, die Inhalte nach irrelevanten und relevanten Informationen zu separieren. Hierbei steht im Fokus, nicht aussagekräftige Daten zu ignorieren und relevante Fakten und Aussagen zusammenzufassen und hinsichtlich ihrer Tonalität zu analysieren. Unter dem Aspekt der Tonalität, welche die geäußerte Meinung des Autors hinsichtlich eines bestimmten Sachverhaltes beschreibt, unterscheidet man zwischen positiver und negativer Tonalität sowie allgemeiner und konkreter Tonalität. Um eine Aussage korrekt einordnen zu können, ist es unter anderem wichtig, die Anwendungsdomäne sowie den jeweiligen Betrachtungswinkel zu berücksichtigen. Folglich stellt die Umwandlung unstrukturierter Daten hin zu strukturierten Daten hohe Anforderungen an die Anwendung. Relevante Informationen müssen gezielt gefunden und kategorisiert werden. Dieser Prozess ist notwendig, um die Daten integrativ mit anderen Marktinformationen auswerten zu können.[42] Eine weitere nicht zu vernachlässigende Anforderung ergibt sich aus der Geschwindigkeit Sozialer Medien. Da es sich um ein sehr volatiles Medium handelt, ist es wichtig, die Auswertungen in Echtzeit erfolgen zu lassen, um rechtzeitig auf aktuelle Ereignisse reagieren zu können und anschließend von den Auswertungen zu profitieren.[43]

---

[41] Vgl. Stieglitz, S. et al. (2014), Seite 104ff.
[42] Vgl. Kayser, S., Rath, H. H. (2015), Seite 129ff.
[43] Vgl. Meinel, C. (2014), Seite 95.

## 4. Zusammenfassung

Rückblickend lässt sich feststellen, dass es einige Aspekte gibt, die zu beachten sind, um Social Media Daten gewinnbringend auswerten zu können und aus den Potentialen zu profitieren. In diesem Kontext ist das Social Media Marketing zu betrachten, welches sich mit den betriebswirtschaftlichen Mehrwerten Sozialer Medien beschäftigt und diese versucht in die Marketing-Strategien miteinzubeziehen.[44] Als Voraussetzung für eine erfolgreiche Umsetzung müssen die Unternehmen nach ihren individuellen Anforderungen und strategischen Zielen auf den jeweiligen Plattformen agieren, um Zugriff auf die Kommunikationsinhalte der verschiedenen Nutzer zu erhalten, sei es auf passivem oder aktivem Weg.[45] In diesem Zusammenhang ist die Schnelllebigkeit und die Einflussmacht Sozialer Medien zu berücksichtigen, welche Einfluss auf die Strategiewahl und Unternehmensplatzierung im Internet hat. Diese setzt die Grundlage für eine Sammlung von Informationen auf verschiedenen Ebenen bezüglich der Internetnutzer, Trends oder Netzwerkverknüpfungen.[46] Die zur Verfügung stehenden Daten gewinnen auf der einen Seite durch die wachsende Vertrauensbasis Sozialer Medien sowie durch den starken Einfluss dieser Plattformen auf das Kaufverhalten der Konsumenten zunehmend an Mehrwert.[47] Die Internetnutzer geben immer mehr über sich und ihr Konsumverhalten preis und tauschen sich auch untereinander stark aus. Auf der anderen Seite besteht durch diese enge Vernetzung jedoch auch die Gefahr einer schnellen Verbreitung negativer Stimmungen, welche zum einem Absatz- aber auch Imageschäden für das Unternehmen zur Folge haben können.[48] Auch müssen rechtliche Vorschriften eingehalten werden und mit den hohen Mengen an vor allem unstrukturierten Daten umgegangen werden können.[49] Zusätzlich bilden die jeweilige Auswahl und Interpretation der vorhandenen Daten weitere Herausforderungen, da Soziale Medien oftmals Informationen enthalten, welche erst nach Einschätzung ihrer jeweiligen Tonalität ihr jeweiliges Potenzial und ihren tatsächlichen

---

[44] Vgl. Ceyp, M., Scupin, J.-P. (2013), Seite 23
[45] Vgl. Ceyp, M., Scupin, J.-P. (2013), Seite 82ff.
[46] Vgl. Stieglitz, S. et al. (2014), Seite 104ff.
[47] Vgl. Ceyp, M., Scupin, J.-P. (2013), Seite 137.
[48] Vgl. Ceyp, M., Scupin, J.-P. (2013), Seite 12ff.
[49] Vgl. Fischer, S. (2014), Seite 118.

Mehrwert zeigen.[50] Diese und noch weitere behandelte Aspekte stellen hohe Anforderungen an die methodischen und technischen Systemgrundlagen, aber auch an den richtigen Umgang mit den generierten Ergebnissen, damit richtige Entscheidungen aus den Auswertungen getroffen werden können.[51]

## 4.1. Fazit

Big Data hat bereits einen hohen Stellenwert in Sozialen Medien angenommen. Gegenwärtig existieren schon viele Möglichkeiten, die Inhalte Sozialer Medien für das Marketing im eigenen Unternehmen nutzbar zu machen.[52] Die Sozialen Medien stellen einen nicht zu vernachlässigenden Bereich für das Marketing dar, um die Wettbewerbsfähigkeit des Unternehmens zu halten. Werden die Hürden der technologischen und methodischen Herausforderungen gemeistert und Aspekte wie Datenschutz sowie die Volatilität Sozialer Medien beachtet, eröffnen sich viele Möglichkeiten einer effektiven Nutzung dieses Bereiches.[53] Big Data ist schlussfolgernd in der Lage auf der Grundlage Sozialer Medien das Unternehmensmarketing um einiges zu bereichern. Die Risiken auf diesem Gebiet dürfen zwar nicht vernachlässigt werden und bedürfen weiteren Forschungsansätzen, sollten fortschrittliche Unternehmen aber auch nicht vor einer Anwendung abschrecken.

## 4.2. Ausblick

Soziale Medien werden sich auch zukünftig stark weiterentwickeln. Dies lässt sich durch den ansteigenden Stellenwert von Social Media und die zunehmende Verbreitung begründen. Die abgebildete Studie von eMarketer gibt Informationen über die Benutzeranzahl in Sozialen Medien seit 2010. Dargestellt wird die Anzahl weltweiter Nutzer, die mindestens einmal pro Monat über ein beliebiges Gerät auf ein soziales Netzwerk zugreifen. Die Studie zeigt einen deutlichen Zuwachs in den letzten Jahren und gibt eine Zukunftsprognose für ein stetiges Wachstum.

---

[50] Vgl. Kayser, S., Rath, H. H. (2015), Seite 129ff.
[51] Vgl. Stieglitz, S. et al. (2014), Seite 102f.
[52] Vgl. Stieglitz, S. et al. (2014), Seite 104ff.
[53] Vgl. Kayser, S., Rath, H. H. (2015), Seite 121.

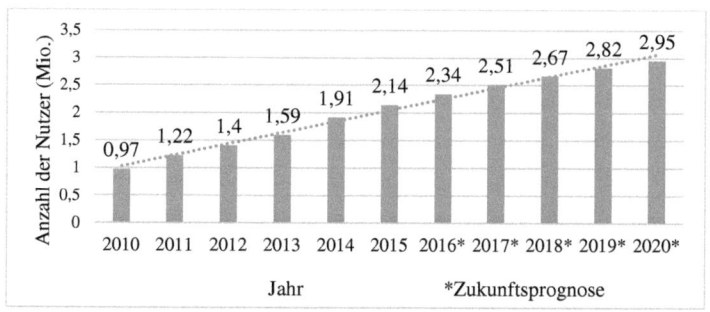

In Anlehnung an: eMarketer(2016)

**Abbildung 4: Anzahl weltweiter Social Media Nutzer von 2010 - 2020**

Neben diesen Trendentwicklungen ist auch die zunehmende zu Grunde liegende Internet-nutzung ein Indikator dafür, dass es sich bei Sozialen Medien um einen bedeutungsvollen wirtschaftlichen Gegenstand handelt, der für Unternehmen sehr erfolgsversprechend ist.[54] Nach einer weltweiten Statistik zur Internetpenetration in den letzten 10 Jahren nahm die Anzahl der Internetuser jährlich um etwa 10% zu. Beispielsweise im Jahr 2015 stieg die Anzahl im Jahr 2014 von 2,931 Millionen auf 3,207 Millionen Nutzer im darauffolgenden Jahr. Diese positive Zunahme ist auch in der Zukunftsprognose linear ansteigend und erklärt sich unter anderem durch den immer leichteren Internetzugang und die schnelle Verbreitung mobiler Endgeräte.[55]

Die durch Social Media zur Verfügung gestellten Daten werden folglich immer mehr in ihrem Volumen und ihrem Inhalt zunehmen. Durch das des Weiteren sehr aufgeschlossene Verhalten der Internetuser gegenüber den verschiedenen Plattformen lassen sich so mehr Informationen sammeln und Auswertungen generieren.[56] Die Nutzung von Social Media Marketing wird dementsprechend auch in der Zukunft von hoher Bedeutung sein. Die Vorreiter am Markt profitieren schon jetzt von der Kommunikation mit dem Kunden und den vielen Möglichkeiten, welche sich für das Marketing öffnen. Sie gewinnen an

---

[54] Vgl. Scheffler, H. (2014), Seite 15ff.
[55] Vgl. Statista (2017), Seite 10.
[56] Vgl. Ceyp, M., Scupin, J.-P. (2013), Seite 145.

immer mehr Informationen über ihre Zielgruppe und können auf ihre individuellen Bedürfnisse reagieren. Dieser Lern- und Erfolgsprozess wird sich zu einem entscheidenden Wettbewerbsvorteil herauskristallisieren. In Zeiten der zunehmenden Digitalisierung ist es wichtig, sich vor diesem Entwicklungspotenzial nicht zu verschließen, um an der neuen Gesellschaft teilhaben zu können und mit ihr zu interagieren. Zukünftig wird sich das Social Media Marketing über immer mehr Kommunikationsbereiche erstrecken und eine hohe Bedeutung in dem Zusammenspiel von Marketing und Kommunikation haben.[57] Des Weiteren eröffnen sich auch neue Möglichkeiten für das Marketing. Hinsichtlich der Standortnutzung von Internetusern bestehen zum Beispiel noch viele Entwicklungspotenziale, welche heutzutage noch nicht ansatzweise ausgeschöpft sind. Außerdem ist zu beobachten, dass sich Netzwerke stark internationalisieren. Mit einer angepassten Strategie ergeben sich so Perspektiven auf eine zusätzliche Erweiterung des eigenen Marktes.[58] Auch auf der analytischen Ebene bestehen noch einige Entwicklungsmöglichkeiten. Die Erkennung von Zusammenhängen und Mustern in Sozialen Medien und das maschinelle Verstehen von Textinhalten bedarf noch weiterer Forschungen, um die Daten noch erfolgreicher auswerten zu können.[59] Zusammenfassend zeigt sich noch viel Potenzial auf diesem Gebiet, welches noch längst nicht ausgereift ist. Die Daten der Internetnutzer gewinnen an hohem Mehrwert und bilden auch auf der Grundlage Sozialer Medien einen entscheidenden Wettbewerbsvorteil, mit welchem sich das Marketing und die Big Data Konzepte noch weiter befassen müssen.

---

[57] Vgl. Buchenau, P., Fürtbauer, D. (2015), Seite 94f.
[58] Vgl. Ceyp, M., Scupin, J.-P. (2013), Seite 146.
[59] Vgl. Stieglitz, S. et al. (2014), Seite 105f.

## Literaturverzeichnis

*Abadi, Daniel, Franklin, Michael J., Gehrke, Johannes, Haas, Laura M., Halevy, Alon Y., Hellerstein, Joseph M., Ioannidis, Yannis E., Jagadish, H. V., Kossmann, Donald, Madden, Samuel, Mehrotra, Sharad, Agrawal, Rakesh, Milo, Tova, Naughton, Jeffrey F., Ramakrishnan, Raghu, Markl, Volker, Olston, Christopher, Ooi, Beng Chin, R, Christopher, Suciu, Dan, Stonebraker, Michael, Walter, Todd, Ailamaki, Anastasia, Widom, Jennifer, Balazinska, Magdalena, Bernstein, Philip A., Carey, Michael J., Chaudhuri, Surajit, Dean, Jeffrey, Doan, AnHai* (2016): The beckman report on database research, in: Communications of the ACM, 59 (2016), Nr. 2, S. 92–99.

*BITKOM Bundesverband Informationswirtschaft, Telekommunikation und neue Medien e.V.* (2012): Big Data im Praxiseinsatz – Szenarien, Beispiele, Effekte, https://www.bitkom.org/noindex/Publikationen/2012/Leitfaden/Leitfaden-Big-Data-im-Praxiseinsatz-Szenarien-Beispiele-Effekte/BITKOM-LF-big-data-2012-online1.pdf, (Abruf am 14.06.2017).

*Buchenau, Peter, Fürtbauer, Dominik* (2015): Chefsache Social Media Marketing, Wiesbaden: Springer Fachmedien Wiesbaden, 2015.

*Ceyp, Michael, Scupin, Juhn-Petter* (2013): Erfolgreiches Social Media Marketing, Wiesbaden: Springer Fachmedien Wiesbaden, 2013.

*Chaffey, Dave* (2016): What happens online in one minute / 60 seconds, 05.01.2016, http://www.smartinsights.com/internet-marketing-statistics/happens-online-60-seconds/attachment/what-happens-online-in-60-seconds-one-minute/, (Abruf am 25.06.2017).

*Dittmar, Carsten* (2016): Die nächste Evolutionsstufe von AIS, in: *Gluchowski, Peter, Chamoni, Peter* (Hrsg.), Analytische Informationssysteme, 2016, S. 55–65.

*Dorschel, Joachim* (Hrsg.)(2015): Praxishandbuch Big Data, Wiesbaden: Springer Fachmedien Wiesbaden, 2015.

*Dorschel, Werner, Dorschel, Joachim* (2015): Einführung, in: *Dorschel, Joachim* (Hrsg.), Praxishandbuch Big Data, 2015, S. 1–13.

*Ebersbach, Anja, Glaser, Markus, Heigl, Richard* (2016): Social Web, 3. Aufl., Konstanz: UVK Verlagsgesellschaft GmbH, 2016.

*eMarketer* (2016): Social Network Users and Penetration Worldwide, 2014-2020, 03.06.2016, https://www.emarketer.com/Chart/Social-Network-Users-Penetration-Worldwide-2014-2020-billions-change-of-internet-users/190584, (Abruf am 26.06.2017).

*Fischer, Stephan* (2014): Big Data - Herausforderungen und Potenziale für deutsche Softwareunternehmen, in: Informatik-Spektrum, 37 (2014), Nr. 2, S. 112–119.

*Frauenhofer IAO* (2015): Smart Data und Big Data: Anwendungsfelder, Lösungselemente und Handlungsbedarfe, 02.11.2015, https://rg-stuttgart.gi.de/fileadmin/user_upload/20151102_GI_Smart_Data_V1.2.pdf, (Abruf am 25.06.2017).

*Fritz, Wolfgang* (2004): Internet-Marketing und Electronic Commerce, 3. Aufl., Wiesbaden: Springer-Gabler, 2004.

*GlobalWebIndex* (2017): GWI Social - GlobalWebIndex's quarterly report on the latest trends in social networking, http://insight.globalwebindex.net/social, (Abruf am 25.06.2017).

*Gluchowski, Peter* (2014): Empirische Ergebnisse zu Big Data, in: HMD Praxis der Wirtschaftsinformatik, 51 (2014), Nr. 4, S. 401–411.

*Gluchowski, Peter, Chamoni, Peter* (Hrsg.)(2016): Analytische Informationssysteme, Berlin, Heidelberg: Springer Berlin Heidelberg, 2016.

*Heidemann, Julia* (2010): Online Social Networks – Ein sozialer und technischer Überblick, in: Informatik-Spektrum, 33 (2010), Nr. 3, S. 262–271.

*Kayser, Sven, Rath, Hans Holger* (2015): Marktforschung 2.0 – Authentische Meinungen in Echtzeit erschließen, in: *Keller, Bernhard, Klein, Hans-Werner, Tuschl, Stefan* (Hrsg.), Zukunft der Marktforschung, 2015, S. 121–134.

*Keller, Bernhard, Klein, Hans-Werner, Tuschl, Stefan* (Hrsg.)(2015): Zukunft der Marktforschung, Wiesbaden: Springer Fachmedien Wiesbaden, 2015.

*King, Stefanie* (2014): Big Data - Potential und Barrieren der Nutzung im Unternehmenskontext, Wiesbaden: Springer Fachmedien Wiesbaden, 2014.

*Knappe, Martin, Kracklauer, Alexander* (2007): Verkaufschance Web 2.0, Wiesbaden: Betriebswirtschaftlicher Verlag Dr. Th. Gabler | GWV Fachverlage GmbH, 2007.

*König, Christian, Stahl, Matthias, Wiegand, Erich* (Hrsg.)(2014): Soziale Medien - Gegenstand und Instrument der Forschung, Wiesbaden: Springer Fachmedien Wiesbaden, 2014.

*Kreutzer, Ralf T., Rumler, Andrea, Wille-Baumkauff, Benjamin* (2015): B2B-Online Marketing und Social Media, Wiesbaden: Springer Fachmedien Wiesbaden, 2015.

*Meinel, Christoph* (2014): Big Data in Forschung und Lehre am HPI, in: Informatik-Spektrum, 37 (2014), Nr. 2, S. 92–96.

*Müller-Peters, Horst, Lübbert, Claas* (2015): Bitte forschen Sie weiter! – Ein Rück-, Ein- und Ausblick auf die Marktforschung, in: *Keller, Bernhard, Klein, Hans-Werner, Tuschl, Stefan* (Hrsg.), Zukunft der Marktforschung, 2015, S. 1–13.

*O'Reilly, Tim* (2007): What Is Web 2.0: Design Patterns and Business Models for the Next Generation of Software, 11.02.2013, https://mpra.ub.uni-muenchen.de/4580/, (Abruf am 16.06.2017).

*Scheffler, Hartmut* (2014): Soziale Medien - Einführung in das Thema aus Sicht der Marktforschung, in: *König, Christian, Stahl, Matthias, Wiegand, Erich* (Hrsg.), Soziale Medien - Gegenstand und Instrument der Forschung, 2014, S. 13–27.

*Seufert, Andreas* (2014): Entwicklungsstand, Potentiale und zukünftige Herausforderungen von Big Data – Ergebnisse einer empirischen Studie, in: HMD Praxis der Wirtschaftsinformatik, 51 (2014), Nr. 4, S. 412–423.

*Statista* (2017): Internet usage worldwide, https://www.statista.com/study/12322/global-internet-usage-statista-dossier/, (Abruf am 26.06.2017).

*Statistisches Bundesamt* (2016): Unternehmen und Arbeitsstätten - Nutzung von Informations- und Kommunikationstechnologien in Unternehmen, 09.12.2016, https://www.destatis.de/DE/Publikationen/Thematisch/UnternehmenHandwerk/Unterneh-men/InformationstechnologieUnternehmen5529102167004.pdf?__blob=publicationFile, (Abruf am 25.06.2017).

*Stieglitz, Stefan, Dang-Xuan, Linh, Bruns, Axel, Neuberger, Christoph* (2014): Social Media Analytics, in: WIRTSCHAFTSINFORMATIK, 56 (2014), Nr. 2, S. 101–109.

*Teuber, Stephan* (2015): Co-Evolution und Homöostase, in: *Keller, Bernhard, Klein, Hans-Werner, Tuschl, Stefan* (Hrsg.), Zukunft der Marktforschung, 2015, S. 135–151.

*Tuschl, Stefan* (2015): Vom Datenknecht zum Datenhecht - Eine Reflektion zu Anforderungen an die Statistik-Ausbildung für zukünftige Marktforscher, in: *Keller, Bernhard, Klein, Hans-Werner, Tuschl, Stefan* (Hrsg.), Zukunft der Marktforschung, 2015, S. 55–69.